Héroes para pequeños lectores

Autora Renee Taft Meloche

Ilustrador Bryan Pollard

Amy Carmichael
Bethany Hamilton
Cameron Townsend
Corrie ten Boom
C. S. Lewis
Eric Liddell
Louis Zamperini
Nick Vujicic
Laura Ingalls Wilder
Klaus-Dieter John

HÉROES PARA PEQUEÑOS LECTORES

LAURA INGALLS WILDER

Las aventuras en la pradera

Escrito por Renee Taft Meloche
Ilustrado por Bryan Pollard

EDITORIAL JUCUM

Laura Ingalls Wilder: Las aventuras en la prdera. Texto © 2018 por Renee Taft Meloche. Ilustraciones © 2018 por Bryan Pollard.
Versión española: Iñaki Colera. Edición: Miguel Peñaloza. Publicado 2014 por Editorial JUCUM, P.O. Box 1138, Tyler, TX 75710.
ISBN 978-1-57658-873-4. Impreso en China.

Laura y su familia viajan
en carreta un día helado.
El antiguo hogar, donde vivían
ya muy lejos ha quedado.

Los caballos van cruzando,
de hielo y nieve los lagos,
en esa época no había
grandes aviones o autos.

Por las pendientes resbalan,
las ruedas de la carreta.
Valientes continúan, ¡con gozo,
porque ya se divisa la meta!

Al llegar a Minnesota,
respiran el aire fresco,
ven ciervos de colas blancas,
e incluso a un gran oso negro.

Al fin llegan a Plum Creek,
donde hay ciruelas salvajes.
Un hogar han encontrado,
en medio de aquellos paisajes.

Aquello a su antiguo hogar,
no se parece en nada,
¡la puerta está en la pared,
en la pequeña morada!

Su casa es como una cueva,
hecha de tierra por dentro,
que les mantendrá calientes
cuando venga el crudo invierno.

Ya es Navidad, gastadas y viejas,
están las botas de papá,
pero una campana a la iglesia.
él prefiere comprar.

Y cuando celebran las fiestas,
abre mucho sus ojos:
Al ver el árbol sonríe,
acaba de ver regalos.

Algunos son para ella,
y corre a abrirlos cuanto antes:
una taza, una muñeca,
y unos preciosos guantes.

Aquel el invierno es muy crudo,
todo está helado allí fuera,
y Laura se queda en la casa,
ayudando en mil tareas.

Cuando al fin llega el deshielo,
el agua baja turbulenta.
Sobre un puente de madera,
un día Laura se sienta.

Las aguas se agitan bravas,
y pronto se ve empapada.
Crecen cada vez más alto,
atrapándola desamparada.

Al centro del torbellino,
la fría corriente la arrastra,
Con el cuerpo entumecido,
grita auxilio muy cansada.

La fuerza del agua la ahoga
desesperada comienza a gritar.
Ansiosa se lanza al puente,
que ha conseguido agarrar.

Empuja su cuerpo hacia arriba,
se impulsa con fuertes brazos,
hasta que logra subir,
donde por fin está a salvo.

Desde su nueva cabaña,
el campo fértil contempla,
su padre ha plantado trigo,
¡cómo crece la cosecha!

Cuando al fin llegue la siega,
y todo el trigo se venda,
botas nuevas y alimentos,
podrán comprar en la tienda.

El verano ya casi termina,
es tiempo de la cosecha recoger,
pero llega una negra nube,
que al sol logra oscurecer.

Laura contempla aterrada,
la oscura nube que avanza.
¡Langostas que caen del cielo,
y sobre ella se abalanzan!

En busca de su familia,
corre a casa a refugiarse.
Insectos golpean el techo,
y Laura empieza a asustarse.

Los bichos persisten por días,
y cuando al fin la plaga cesa,
la familia sale a observar,
los daños en la cosecha.

¡No queda nada de hierba,
todo el fruto se ha perdido,
las langostas no han dejado,
ni un solo grano de trigo!

Los ciruelos que crecían,
a orillas del valle,
desnudos están de hojas,
no queda nada en sus ramas.

Pero al oeste se construye
una gran vía de tren,
y allí se muda la familia
para empezar otra vez.

Laura aprende a escribir,
el invierno llega de nuevo
una terrible tormenta
a la escuela le impide acudir.

Una ventisca de nieve,
que no para de soplar,
y cuando al fin se detiene,
otra ocupa su lugar.

La nieve que se acumula,
impide al tren circular.
No habrá comida ni leña,
ni se podrán calentar.

Temblando con mucho frío,
de hambre dolores sufría,
la nieve seguía cayendo,
y el viento los campos barría.

Un día escuchó unas gotitas,
cayendo desde el tejado.
El hielo se derretía,
¡La primavera ha llegado!

Pronto escuchó otro sonido,
y el corazón le dio un vuelco,
es el silbato de un tren,
que llega con alimentos.

A los quince completó la escuela,
pero no dejó de estudiar,
pues quería ser la maestra,
y a otros niños enseñar.

Manly Wilder la llevó un día,
en trineo a pasear,
un granjero que le gustaba,
y que solía ver pasar.

No tardó en preguntarle,
si su esposa quería ser.
Se casó a los dieciocho,
ya era toda una mujer.

Decidieron plantar trigo,
aún con gran temor.
Por si la langosta volvía,
devorando todo alrededor.

La cosecha estaba ya lista,
cuando el cielo se nubló.
Un granizo como puños,
con furia en la tierra cayó.

Aunque el mal no duró mucho,
el resultado fue fatal.
Ni una espiga había derecha,
donde se encontraba el trigal.

Al abrigo del invierno,
dio a luz a una niña hermosa,
sus padres, henchidos de gozo,
le pusieron por nombre Rosa.

Llegada la primavera,
más cereal plantaron.
Como pudieron venderlo,
prosperar al fin lograron.

Un día Laura enfermó,
y tuvo que reposar.
Apenas podía comer,
por su gran debilidad.

Manly enfermó también,
y no logró mejorar.
Intentó salir de la cama,
Y al suelo fue a dar.

No podía sentir sus piernas,
y cojo el pobre se quedó.
Le costaba ponerse de pie
y tuvo que usar un bastón.

Laura dio a luz otro hijo,
pero poco su gozo duró,
doce días después de nacer,
el bebé enfermó y murió.

Ya estaba casi repuesta,
Cuando un día por la mañana,
al abrir la puerta del cuarto,
¡el humo invadía la casa!

Rescató a Rosa y corrió afuera,
la cabaña estaba ardiendo,
mientras las llamas crecían,
todo se iba destruyendo.

Aunque la casa había ardido,
su familia estaba a salvo,
Laura lloraba y lloraba,
por todo el mal que había enfrentado.

Aunque Manly quería ser granjero,
no se podían quedar.
El frío dañaba sus piernas,
y se tuvieron que marchar.
En busca de un mejor clima,
a Missouri se mudaron.
Una tierra de colinas,
repleta de bellos manzanos.

Pronto criaron ganado,
Cerdos y alguna oveja,
y con las frutas de la huerta,
mermeladas en conserva.

Se construyeron una casa,
y cada día un poquito,
las tristezas del pasado,
el gozo presente deshizo.

Laura un día escribió un libro,
y a su heroína llamó Laura.
Aunque en parte era inventado,
en su vida se basaba.

Quiso narrar cómo eran,
de los pioneros las vidas,
Describió praderas y trenes,
y las catástrofes sufridas.

Escribió otros muchos libros,
y uno al que ella llamó,
La casita de la pradera,
que a todo el mundo gustó.

Sentía gran gozo al saber,
que sus relatos gustaban,
historias sobre granizo,
fuego, tormentas y heladas.

Al cumplir noventa años,
murió en su cama durmiendo,
y tal como ella soñó,
sus libros se siguen leyendo.

Héroes cristianos de ayer y hoy

de Janet y Geoff Benge

Aventura fantástica
La vida de Gladys Aylward

Persecución en Holanda
La vida de Corrie ten Boom

Un aventurero ilustrado
La vida de William Carey

La intrépida rescatadora
La vida de Amy Carmichael

Odisea en Birmania
La vida de Adoniram Judson

Alma de Campeón
La vida de Eric Liddell

Padre de huérfanos
La vida de George Müller

Peligro en la selva
La vida de Nate Saint

Peripecia en China
La vida de Hudson Taylor

La audaz aventura
La vida de Mary Slessor

Portador de esperanza
La vida de Cameron Townsend

La tenacidad de una mujer
La vida de Ida Scudder

Emboscada en Ecuador
La vida de Jim Elliot

Desafío para valientes
La vida de Loren Cunningham

C. S. Lewis
Un genio de la narración

Valentía en el Nilo
La vida de Lillian Thrasher

Corazón Pionero
La vida de David Livingstone

La heroína voladora
La vida de Betty Greene

Victoria sobre la venganza
La vida de Jacob DeShazer

Dietrich Bonhoeffer
En medio de la maldad

El agente secreto de Dios
La vida del hermano Andrés

Esperanza en los Andes
La vida de Klaus-Dieter John

Perseverancia y sacrificio
La vida de Lottie Moon

Hazañas en el hielo
La vida de Wilfredo Grenfell

John Wesley
La vida era su parroquia

Defensora de los desamparados
La vida de Elizabeth Fry

Los «Héroes para pequeños lectores» se basan en la serie de biografías «Héroes cristianos de ayer y de hoy», escritas por Janet y Geoff Benge. No se pierda esta serie de aventuras verídicas y emocionantes, idóneas para niños de diez años en adelante.

Colección topacio – Clásicos

Joel el niño de Galilea
de Annie Fellows Johnston

Esta historia exalta valores y principios morales, retratando personajes tomados de la vida real, como Joel la historia de un niño cuya infancia transcurre a orillas del mar de Galilea, en los tiempos Jesús. Siendo víctima de un acto de crueldad, Joel sufre un grave percance que le arrastra a la venganza, el rencor y la amargura, hasta que un encuentro personal con Jesús le muestra la estrecha senda hacia el perdón.

Vidas con legado

Biografías

Huida hacia la libertad
La vida de Harriet Tubman

De esclavo a científico
La vida de George Washington Carver

Libertad y justicia para todos
La vida de William Penn

Imbatible
La vida de Louis Zamperini

El empresario de los pobres
La vida de David Busseau

Triunfo de la justicia
La vida de William Wilberforce

Vencer lo imposible
La vida de Ben Carson

Travesías de los Ingalls
La vida de Laura Ingalls Wilder

Más que chocolate
La vida de Milton Hershey

Editorial JUCUM
P.O. Box 1138, Tyler, TX 75710-1138 U.S.A.
Teléfono: (903) 882-4725
www.editorialjucum.com